Dieses Buch
gehört:

....

Emma kauft ein

Für Will

Die Originalausgabe erschien unter dem Titel „The High Street“ bei
Tate Publishing, einem Unternehmen der Tate Enterprises Millbank, London 2011.
Druck und Bindung: C & C Offset Printing Co. Ltd, China
ISBN 978-3-95614-034-1

FSC www.fsc.org MIX Papier | Fördert gute Waldnutzung FSC® C008047

ALICE MELVIN

Emma kauft ein

Aus dem Englischen von Susanne Weber

Verlag Antje Kunstmann

Emma will heute Einkäufe machen,
auf ihrer Liste stehen zehn Sachen.

Sie braucht:
Rosen, die gelb blüh'n,
einen Schlauch, am liebsten grün,
dunkle Trauben, saftig-süße,
ein Paar Rollschuh' für die Füße,
einen weißen Kakadu,
ein schnarrendes Metallkazoo,
einen Teppich, alt genug,
einen rot gestreiften Krug,
eine Tarte, mit Obst belegt,
einen Lolli, der schön klebt.

KRÄMER-
STRASSE

Alles zum Naschen führt das Haus Nummer eins,
Schokolade und Kaugummi gibt's bei Herrn Heinz.
Gläser mit Bonbons bis zur Decke hinauf,
Emma macht „Mmh!“ und freut sich darauf.

HEINZ
FEINSTE
BONBONS
UND
SCHOKOLADE
SÜSSWAREN
1

Es gibt:
keine Rosen, die gelb blüh'n,
keinen Schlauch, schon gar nicht grün,
keine Trauben, saftig-süße,
kein Paar Rollschuh' für die Füße,
keinen weißen Kakadu,
kein schnarrendes Metallkazoo,
keinen Teppich, alt genug,
keinen rot gestreiften Krug,
keine Tarte, mit Obst belegt,

doch einen Lolli, der schön klebt!

Die Bäckerei Bohne ist im Haus Nummer zwei.
Es gibt Brote und Hörnchen und auch allerlei
leckere Kringel und Kekse und Küchlein.
Mit knurrendem Magen hüpft Emma hinein.

KAFFEE & KUCHEN
KAFFEE & KUCHEN
KAFFEE & KUCHEN
KAFFEE & KUCHEN
CAFÉ BOHN
BÄCKEREI
2

Es gibt:
keine Rosen, die gelb blüh'n,
keinen Schlauch, schon gar nicht grün,
keine Trauben, saftig-süße,
kein Paar Rollschuh' für die Füße,
keinen weißen Kakadu,
kein schnarrendes Metallkazoo,
keinen Teppich, alt genug,
keinen rot gestreiften Krug,

doch eine Tarte, mit Obst belegt!

CAFÉ
BOHN

Porzellan hat Herr Singh im Haus Nummer drei,
Figürchen und Tassen – mit Malerei,
Platten und Schüsseln, zerbrechlich und zart.
Emma tritt ein, auf behutsame Art.

PORZELLANLADEN 3

Es gibt:
keine Rosen, die gelb blüh'n,
keinen Schlauch, schon gar nicht grün,
keine Trauben, saftig-süße,
kein Paar Rollschuh' für die Füße,
keinen weißen Kakadu,
kein schnarrendes Metallkazoo,
keinen Teppich, alt genug,

doch einen rot gestreiften Krug!

N
S

Antiquitäten gibt's in Haus Nummer vier,
Frau Ito versteckt Schätze hinter der Tür:
Uralte Sessel, diamantene Ringe,
drinnen staunt Emma über seltsame Dinge.

ANTIQUITÄTEN
4

Es gibt:
keine Rosen, die gelb blüh'n,
keinen Schlauch, schon gar nicht grün,
keine Trauben, saftig-süße,
kein Paar Rollschuh' für die Füße,
keinen weißen Kakadu,
kein schnarrendes Metallkazoo,

doch einen Teppich, alt genug!

Hausnummer fünf, was Frau Kling alles hat!
Ein ganzes Orchester, Fagott, Dudelsack
und einen Flügel, den jeder gleich sieht.
Emma tanzt rein und pfeift fröhlich ein Lied.

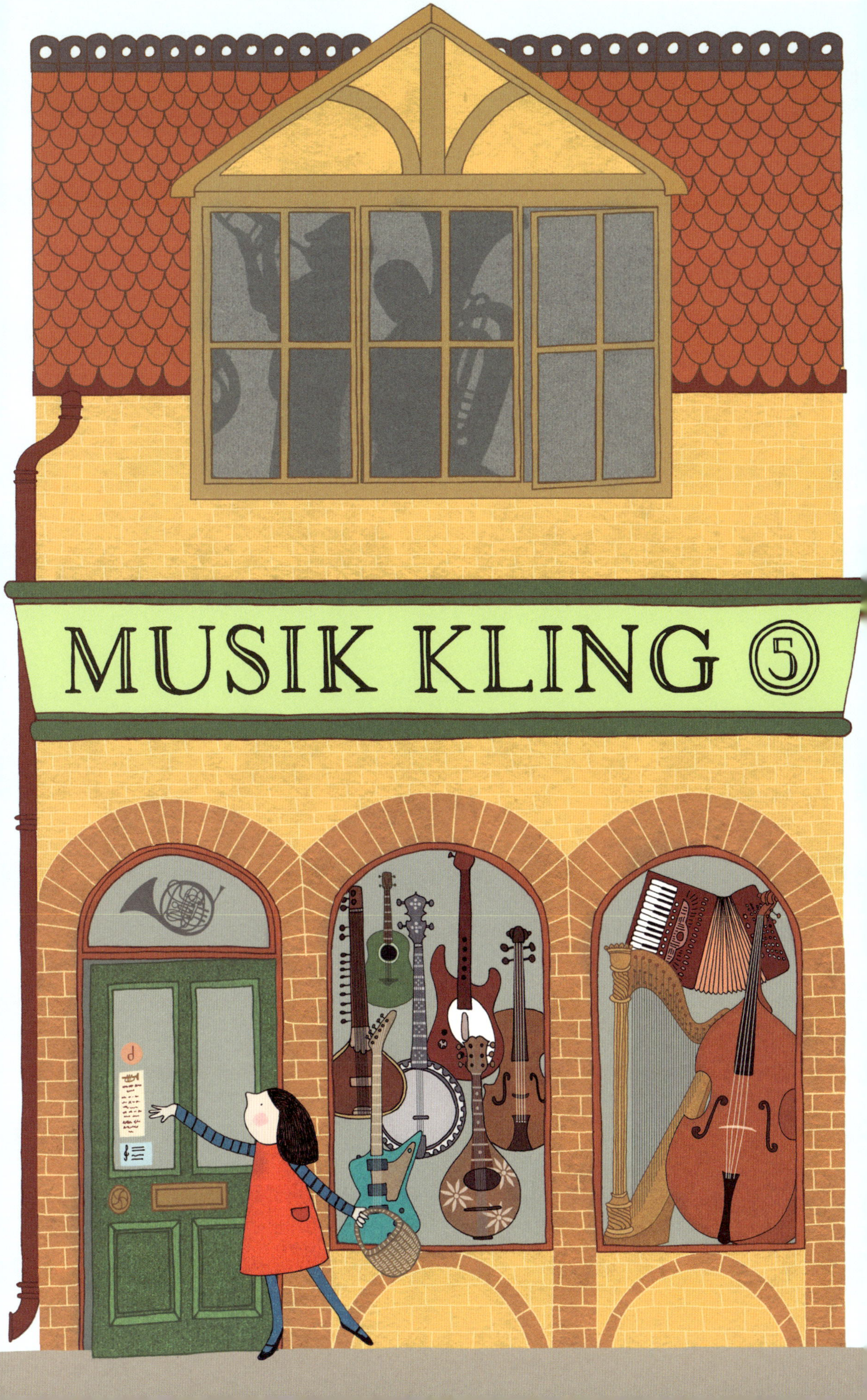
MUSIK KLING 5

Es gibt:
keine Rosen, die gelb blüh'n,
keinen Schlauch, schon gar nicht grün,
keine Trauben, saftig-süße,
kein Paar Rollschuh' für die Füße,
keinen weißen Kakadu,

doch ein schnarrendes Metallkazoo!

Music for Flutes
Music for Violins
Songs from the Forties
PIANO
CELLO
Music for Guitar
Music for Saxophone
Beethoven Moonlight Sonata
Beethoven Piano Concerto No. 5
Beethoven works for piano & cello

Jomos Zoohandlung liegt in Haus Nummer sechs,
hier hört man Geschnatter, Geschrei und Gekrächz.
Hamster rasen, Hasen grasen, Papageien schrei'n.
Emma hält sich die Ohren zu. Dann geht sie rein.

6
ZOOLADEN
JOMO

Es gibt:
keine Rosen, die gelb blüh'n,
keinen Schlauch, schon gar nicht grün,
keine Trauben, saftig-süße,
kein Paar Rollschuh' für die Füße,

doch einen weißen Kakadu!

JOMO'S

Spielsachen gibt es in Haus Nummer sieben,
die Jahns haben Sachen, die Kinder sehr lieben.
Segelboot, Puppen, Bälle und Drachen,
Emma hopst durch die Tür mit einem Lachen.

SPIELZEUG JAHN
7

Es gibt:
keine Rosen, die gelb blüh'n,
keinen Schlauch, schon gar nicht grün,
keine Trauben, saftig-süße,

doch ein Paar Rollschuh' für die Füße!

A.M.W.S

Grüns Obst & Gemüse – auf Nummer acht:
In den Kisten gibt's alles, welch eine Pracht!
Melonen, ganz riesig, und Erbsen, ganz klein,
Emma bewundert's und schlüpft schnell hinein.

OBST & GEMÜSE · 8

Es gibt:
keine Rosen, die gelb blüh'n,
keinen Schlauch, schon gar nicht grün,

doch dunkle Trauben, saftig-süße!

Im Haus Nummer neun gibt's Haushaltsbedarf,
Schrubber und Schlösser verkauft dort Herr Scharf.
Hammer und Zangen, all das kriegt man hier.
Emma tritt ein, es schellt an der Tür.

HAUSHALTSWAREN
9

Es gibt:
keine Rosen, die gelb blüh'n,

doch einen Schlauch, sogar in grün!

Frau Schmidt verkauft Blumen in Haus Nummer zehn,
deren Blüten wie schimmernde Steine ausseh'n.
Efeu und Rosen sind zu Girlanden gewunden.
Nur etwas hat Emma noch nicht gefunden …

BLUMEN
SCHMIDT
10
SCHMIDT

Es gibt:
KEINE Rosen, die gelb blüh'n!

Mit hängendem Kopf tritt Emma hinaus,
ohne die Rosen muss sie nun nach Haus.
Die Füße tun weh, die Straße wird leer.
Sie geht Richtung Park, ihr Herz ist ganz schwer.

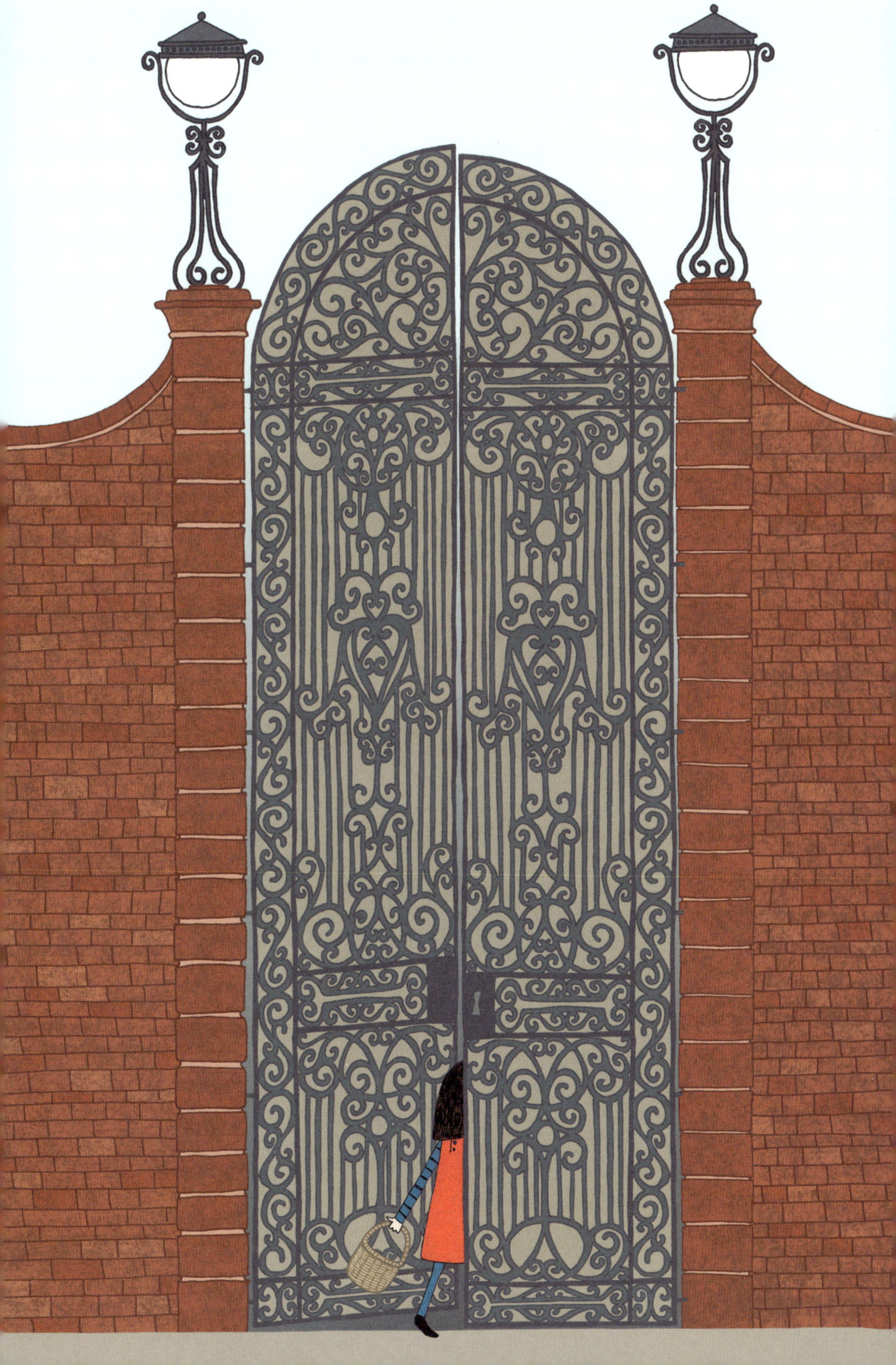

Spät ist es schon. Emma geht heim
und dies alles kaufte sie ein:

einen Lolli, der schön klebt,
eine Tarte, mit Obst belegt,
einen rot gestreiften Krug,
einen Teppich, alt genug,
ein schnarrendes Metallkazoo,
einen weißen Kakadu,
ein Paar Rollschuh' für die Füße,
dunkle Trauben, saftig-süße,
einen Schlauch, sogar in grün …

… und Rosen,
die im Herzen blüh'n!

Alice Melvin wurde 1982 geboren und studierte Illustration am Edinburgh College of Art. Sie arbeitet als Designerin und Illustratorin in Edinburgh und ist Autorin einiger preisgekrönter Bilderbücher. Mehr auf www.alicemelvin.com